AF299912

QUESTIONS DU TEMPS PRÉSENT

OU EN EST
LA POLITIQUE COLONIALE
DE LA FRANCE

L'AGE DE L'AGRICULTURE

PAR

Joseph CHAILLEY-BERT

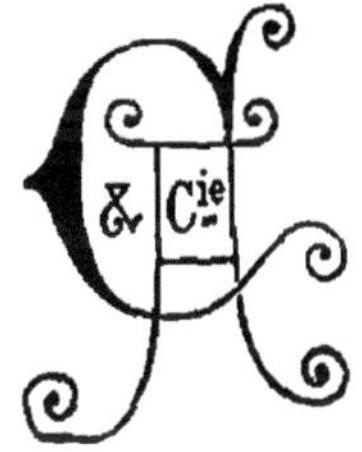

PARIS

ARMAND COLIN ET Cie, ÉDITEURS

Libraires de la Société des Gens de lettres

5, RUE DE MÉZIÈRES, 5

1896

OU EN EST

LA POLITIQUE COLONIALE

DE LA FRANCE

———

L'AGE DE L'AGRICULTURE

CONFÉRENCE

Faite le 19 mars 1896, sous le patronage de l'Union coloniale française et la présidence de M. Delcassé, député, ancien Ministre des Colonies, par M. Joseph CHAILLEY-BERT, secrétaire général de l'Union.

OU EN EST
LA POLITIQUE COLONIALE
DE LA FRANCE

L'AGE DE L'AGRICULTURE

CHAPITRE I

LA POLITIQUE D'EXPANSION

Il est bon, de temps à autre, de faire son examen de conscience ; les confesseurs recommandent même de le faire tous les jours. Mais les jours des hommes coulent vite, les années des peuples s'envolent plus rapides encore, et, dans le tumulte de l'action, hommes et peuples ont bien de la peine à s'arrêter pour examiner leurs actes et porter sur eux-mêmes un jugement. Cependant, à marcher sans relâche, à avancer sans se retourner, on risque de dévier de sa route ou d'aller trop loin : la prudence commande une halte et

1

un regard en arrière. On ne s'étonnera donc pas de voir ici un partisan de la politique coloniale se demander où en est aujourd'hui cette politique.

§ 1. — LA POLITIQUE D'EXPANSION : ACTION ET RÉACTION.

Il y a une dizaine d'années, la France sortait d'une période d'extrême activité coloniale et toutefois d'indifférence, mieux que cela, d'hostilité contre la politique coloniale. Le gouvernement avait devancé l'opinion. C'était le temps où M. Jules Ferry venait de nous conquérir la Tunisie, où il lui avait fallu des prodiges de ténacité pour amener le pays à ne pas refuser le Tonkin et l'Annam, ces perles de notre empire; le temps où l'épithète de Tonkinois était une flétrissure et où, pour maintenir les positions, un homme comme M. Paul Bert, ministre de la République et membre de l'Institut, se dévouait et allait mourir à Hanoï, écrasé par une tâche surhumaine; le temps enfin où, à chaque budget, l'on se demandait si l'on obtiendrait du Parlement les crédits nécessaires à l'existence des colonies et si l'on ne devrait pas, devant un vote criminel, évacuer les plus belles de nos possessions.

Les jeunes hommes qui arrivent aujourd'hui à la

vie politique, et qui voient voter sans hésitation des sommes énormes pour des expéditions comme celles du Dahomey et de Madagascar, ne se doutent pas des difficultés qu'ont rencontrées leurs devanciers pour en obtenir de bien moindres, consacrées à des œuvres non pas plus glorieuses, mais autrement profitables. C'est que, de 1885 à 1895, une réaction s'est faite, dont jusqu'à présent nos colonies profitent encore. Ce n'est pas, du reste, la première qu'ait enregistrée notre histoire : depuis plus de cent cinquante ans notre politique coloniale a marché par soubresauts et, à vrai dire, ce n'a été chez nous qu'un long conflit entre la politique coloniale et la politique continentale.

Par sa position et son passé, la France a en Europe un rôle qu'elle ne songe certes pas à abandonner et pour le succès duquel elle a cru longtemps ne pouvoir rien distraire de ses forces. Elle s'est considérée avant tout comme une puissance continentale; la marine et les colonies n'ont été pour elle que des accessoires, dont elle prenait souci à ses heures de réflexion prévoyante ou à ses moments de loisir. Aussi toutes les fois qu'un grave événement a violemment ramené son attention sur l'Europe, l'a-t-on vue invariablement se dégager des opérations lointaines; et ses seules tentatives de colonisation n'ont eu lieu qu'en des circonstances où la politique européenne lui laissait quelque répit. Il lui a fallu la paix profonde du gouvernement de Juillet pour entreprendre et poursuivre la longue conquête de l'Algérie ; le second Empire, qui gaspillait ses forces en Crimée, en Italie, au Mexique, n'a pu que continuer l'œuvre commencée en Afrique et, presque par hasard, mettre la main sur la Cochinchine. Et dans la longue période qu'ont marquée la spoliation du Danemark, la défaite de l'Autriche, la grandeur prodigieuse de la Prusse et enfin l'écrasement de la France, quel Français a pu sérieusement songer à déplacer le centre d'action de notre patrie et à porter au loin une vigilance et une activité que l'Europe sollicitait toutes ?

Mais, après 1871, le travail et l'ardeur de la nation, la sagesse et la vigueur de l'Assemblée nationale eurent vite fait de nous rendre des finances et une armée : le pays se reprit à espérer et à oser. La prudence commandait en Europe l'attitude la plus tranquille : la politique coloniale en profita ; pendant dix années, notre empire colonial s'accrut dans des proportions démesurées. En 1874, nous prenions pied au Tonkin ; en 1878, le traité de Berlin sanctionnait les explorations de M. de Brazza et nous donnait le Congo ; en 1881, la Tunisie venait compléter notre Algérie ; en 1885, nous assumions le protectorat, bien vague et que plus tard il fallut préciser, de Madagascar ; en 1884, nous conquérions le Tonkin et l'Annam, sans parler d'une action ininterrompue au Soudan et dans l'*Hinterland* de nos colonies d'Afrique.

C'était là un pas gigantesque ; mais les peuples sont comme les hommes : ils sont soumis aux mêmes phénomènes ; après l'effort, il leur faut le repos, après l'ingestion, la digestion ; qui offrirait de nouveaux plats à un homme rassasié serait assuré de rencontrer un refus, et de même l'homme d'État qui trop longtemps impose à ses concitoyens une même politique risque de lasser leur patience. C'est ce qui, vers l'année 1885, advint en France aux promoteurs de la politique coloniale : la nation, pendant dix années, avait, presque contre son gré, été repue de conquêtes coloniales ; elle exigea, précisément à l'heure où la politique d'expansion devenait mieux comprise, qu'on lui laissât le temps de respirer, ou plutôt d'assimiler, et c'est pourquoi, pendant dix années nouvelles, elle ne voulut guère entendre parler d'autre chose que d'achever ou d'organiser les conquêtes. Décision sage en apparence et toutefois extrêmement fâcheuse : car, à ce moment-là, le monde se partageait l'Afrique et, si nous avions alors déployé l'entrain de la période précédente, peut-être eussions-nous mis dans notre lot, au lieu de l'inclémente Afrique occidentale, quelque beau domaine du Centre ou du Sud, dans ces régions des lacs et des mines, d'où la perspicacité anglaise a su écarter successivement tous ses rivaux.

Quand l'appétit nous revint, il ne restait plus qu'à prendre le Dahomey et à consolider nos droits sur Madagascar ; la France, de nouveau en goût d'expansion, n'hésita ni ne marchanda : elle vota tout ce qu'on voulut pour ces deux expéditions. Les partisans les plus déterminés de la politique d'expansion coloniale souhaitent, d'ailleurs, que ce soient les dernières.

§ 2. — Le domaine colonial d'aujourd'hui et le domaine d'autrefois.

Donc aujourd'hui, après soixante années de politique coloniale, peut-être intermittente mais jamais répudiée, nous possédons un empire qui, certes, nous a coûté bien des hommes et bien des millions, mais qui est grand comme seize fois la mère patrie et qui, même si l'on en retranche ce qui, pour le présent, semble d'une valeur contestable, contient encore plus de 3 millions de kilomètres carrés ; immense domaine où peuvent trouver à s'employer fructueusement tous les capitaux et toutes les énergies de notre pays.

Cette immensité, d'ailleurs, ne l'étonne pas. La politique coloniale, qui est une nouveauté pour la génération présente et qui même scandalise encore certains patriotismes étroits, n'est après tout qu'une tradition de l'ancienne France. Deux siècles durant, elle a tenu une place considérable dans les préoccupations de nos rois : Henri IV et Louis XIII, ou plutôt Richelieu, Louis XIV et même Louis XV, ou plutôt Choiseul, y ont consacré des efforts jamais lassés: Il fut un temps où nous possédions le Canada, la Louisiane (qui valait dix des États-Unis d'aujourd'hui) et Terre-Neuve, Saint-Domingue et les Antilles, Maurice et la Réunion, et où l'empire des Indes orientales nous paraissait promis, si bien que, vers le milieu du xviiie siècle (1750), de l'Angleterre ou de nous, il semblait que ce fût nous qui dussions être un jour la grande puissance coloniale du monde. Les soucis de la politique continentale et aussi l'insouciance de quelques-uns de nos gouvernants nous ont laissé émietter ce magnifique domaine : en 1711, nous avons perdu Terre-Neuve, en 1756 l'Inde, en 1763 le Canada, en 1798 Saint-Domingue, en 1815 Maurice, sans parler de la Louisiane, qui fut, en 1806, vendue pour rien aux États-Unis ; en sorte qu'en 1830, à la veille de la conquête de l'Algérie, nous nous trouvions réduits à un domaine des plus médiocres : la Guadeloupe et la Martinique, la Réunion, l'Inde, le Sénégal et la Guyane.

Aujourd'hui nous avons, par d'heureuses conquêtes, rétabli l'équilibre du monde qui menaçait de se rompre. Sans doute, le colosse russe, avec la moitié de l'Europe et le tiers de l'Asie, et le colosse anglo-saxon, avec l'Amérique du Nord, l'Australie et l'Afrique du Sud et du Centre (pour ne rien dire de l'Amérique espagnole), ont jeté pour l'avenir les bases de fortunes prodigieuses et, il faut le reconnaître, sans rivales. Toutefois la France, d'une part, avec son Afrique du Nord et quelques bonnes parties de l'Afrique occidentale et, d'autre part, avec ses possessions d'Indo-Chine, a réservé aux générations futures un beau champ d'action : il dépend d'elles maintenant de l'exploiter.

§ 3. — Les Nouvelle-France et la plus grande France.

Mais, qu'on ne s'y trompe pas : entre l'empire colonial d'aujourd'hui et celui d'autrefois il y a un abîme. Sous l'ancien régime, nous possédions des colonies, telles que la Louisiane et surtout le Canada, dont le climat convenait à merveille à l'Européen. La preuve en est dans les colons français du Canada, qui étaient 15 000 en 1711, lors du traité d'Utrecht, 60 000 en 1763, lors du traité de Paris, et qui sont aujourd'hui (Franco-Canadiens) plus de 2 millions et demi. Sous ces latitudes clémentes et dans ces régions alors à peine peuplées, le ciel conviait et la terre attendait le colon et ce colon, quittant sa province de Normandie ou de Bretagne, n'avait pas à changer de vie. Il emmenait sa famille, emportait ses outils et, à peine arrivé, se mettait à la tâche : ses deux bras, une bonne santé et une âme courageuse, il ne lui en fallait pas plus pour fonder sa fortune et celle de la colonie. Il y retrouvait, d'ailleurs, une partie de ce qu'il avait quitté en France : et la langue natale et sa loi ordinaire, la coutume de Paris, et même le régime féodal, avec tout ce qu'il comportait d'entraves et de facilités. Aussi, ces colonies, Richelieu et nos rois les considéraient-ils comme de simples prolongements de le France continentale : ils les appelaient des *Nouvelle-France*.

C'est bien autre chose que nous avons aujourd'hui ! Nos plus belles colonies, l'Indo-Chine, certaines parties de l'Algérie et de la Tunisie sont situées sous des latitudes où l'Européen ne peut guère songer à travailler de ses mains; des populations abondantes les habitent déjà : 6 millions et demi d'Arabes et de Kabyles dans l'Afrique du Nord, 20 millions d'Annamites et de Cambodgiens dans l'Indo-Chine. En sorte que le colon débarquant rencontre la concurrence du travailleur indigène et l'hostilité du climat. Dès lors, il ne s'agit plus de transporter dans ces colonies des paysans quelconques, arrachés au sol natal, sans ressources et sans préparation à leur vie nouvelle. C'est toute une autre conception. Les lois, l'administration, la langue, l'hygiène, les méthodes de travail, tout doit être modifié. Nous ne sommes plus dans les *Nouvelle-France*; nous sommes dans une France toute différente, dans la *Plus grande France* : qu'y peut-on faire et comment va-t-on en tirer parti ?

CHAPITRE II

LA POLITIQUE DE MISE EN VALEUR
L'AGE DE L'AGRICULTURE

En tirer parti : cela est facile à dire. Le problème tient dans un mot : la solution peut-elle tenir dans une formule? Comment exploiter nos colonies? C'est là — le croirait-on? — une question presque neuve pour la France. Nous n'avons pas de traditions. L'ancien régime, à qui deux siècles de politique coloniale avaient donné une large expérience, ne nous a rien légué. Un hiatus de plus de soixante années sépare ses dernières entreprises coloniales des premières du régime nouveau et, pendant ce temps, toute cette sagesse, chèrement payée et qui s'était comme cristallisée dans les conseils du roi, a disparu avec eux. Il nous faut de toutes pièces reconstituer des méthodes et, s'il se peut, suppléer par le raisonnement à l'expérience qui nous fait défaut. Il ne semble pas que nous y soyons encore complètement parvenus.

§ 1. — L'exploitation des colonies et le commerce métropolitain.

Une conception radicalement erronée pèse, dès le principe, sur toute notre conduite. Nous paraissons avoir admis comme axiome que nos colonies ont été conquises pour nos commerçants et nos industriels. Toutes les fois que le gouvernement a sollicité des crédits pour une expédition : Tunisie, Tonkin, Madagascar, il a invariablement fait miroiter aux yeux des députés « tant et de si larges débouchés ouverts à nos produits ». Ces pays renferment tel nombre d'habitants : ces habitants ont des besoins que, par tête, on peut estimer chaque année à telle somme; c'est donc telle quantité de nos produits que nous allons pouvoir écouler de ce côté.

Ce raisonnement — qui reposait, nous le dirons, sur un postulat inexact — a été à plusieurs égards regrettable.

Tout d'abord, il a pesé lourdement sur notre politique économique; il a entraîné, et c'était fatal, l'application à nos colonies du tarif général métropolitain. Du moment qu'on les avait conquises pour notre commerce et notre industrie, il fallait bien les leur réserver, et, pour cela, en fermer l'entrée aux produits de nos concurrents. En conséquence, on a frappé ces produits de droits très lourds et forcé les indigènes et les colons ou bien à acheter les nôtres, qui — c'est la prétention même de nos industriels — coûtent plus cher, ou bien à réduire leurs besoins.

Ensuite, il invitait naturellement nos industriels et nos commerçants à se lancer, sans retard et sans préparation, dans des entreprises qui pouvaient être pour eux grosses de déceptions.

En effet, le commerce avec les colonies est une opération extrêmement difficile, qui exige d'énormes capitaux, qui impose des frais généraux considérables et qui, si elle n'est menée par un homme d'une sagacité et surtout d'une vigilance jamais en défaut, consomme en quelques années des millions et peut ruiner ceux qui les ont fournis.

On dit que dans certains grands magasins, comme le *Bon Marché* et le *Louvre*, il y a des « rayons » qui ramènent dans le courant de l'année 52 fois le capital employé, où les affaires se font si vite que ce capital reparait 52 fois devant le caissier et que 52 fois par an il faut procéder à de nouveaux approvisionnements. Or, dans certaines colonies, notamment en Afrique, l'argent engagé revient non pas même tous les ans, mais tous les dix-huit mois. Dans celles de ces colonies qui sont un peu plus avancées, comme le Sénégal, c'est tout au plus si des hommes rompus

à la pratique des affaires peuvent espérer voir leur
argent revenir une fois par an, deux fois au maximum,
et, dans les circonstances les plus favorables, trois
fois. Pour se lancer dans un pareil commerce, il faut
donc disposer de capitaux énormes, et savoir n'entreprendre que des opérations fructueuses, pouvant sup-
porter des frais aussi élevés, de telle façon qu'au bout
de 12, de 15 mois, on puisse retrouver, avec l'argent
engagé, un bénéfice suffisant.

Dans d'autres parties de notre empire colonial, les
affaires commerciales seraient plus faciles. En Indo-
Chine par exemple, on n'en est plus, comme dans
presque toute l'Afrique occidentale, à la période du
troc ; on est au commerce proprement dit, à l'achat et
à la vente, au payement en argent. Mais dans ce pays
même, on s'aperçoit bientôt que la conception qui
consiste à appeler les commerçants d'abord à tirer
parti des colonies repose sur un postulat nullement
démontré : je veux dire le postulat du débouché. Pour
faire des affaires, il faut être deux : l'un qui vend et
l'autre qui achète. Le vendeur, certes, nous savons
qu'il est là : c'est le commerçant venu de France avec
ses produits français. L'acheteur est là aussi, et
plein d'empressement, n'en doutons pas. Mais, quand
il s'agira de payer, son empressement sera moindre,
et pour cause : il n'a pas d'argent. Vous pourriez
réunir, par exemple, tous les habitants d'un village

malgache : à eux tous, entre deux ou trois cents qu'ils sont, ils n'ont pas cent sous liquides qu'ils puissent consacrer à acheter même le nécessaire. Au Tonkin, la situation est un peu meilleure, mais l'indigène est encore bien loin d'être riche. Vingt années de guerres ininterrompues ont chassé les habitants de tout le haut pays; ils se sont, par millions, réfugiés dans les vallées du Delta; là, ils cultivent des champs trop étroits et qui suffisent à peine à les nourrir. C'est ce qui explique que les 12 millions d'Annamites du Tonkin ne peuvent même pas payer autant d'impôts que les 2 millions de Cochinchine. Celui de Cochinchine cultive de grandes étendues, récolte plus qu'il ne consomme et garde un excédent pour l'impôt et le commerce.

En face de pareils résultats apparaît nettement l'erreur de la conception primitive. Le commerce et l'industrie n'ont pas, pour le présent, grand'chose à espérer d'une clientèle si pauvre. Ils auront beau ouvrir des comptoirs et se protéger par des douanes rigoureuses, les clients ne leur viendront ni par milliers, ni même par centaines, et, s'ils venaient, peut-être feraient-ils sagement de s'en défier et de ne leur livrer qu'à bon escient.

Comment modifier cet état de choses? Comment amener à nos industriels et à nos commerçants cette clientèle abondante et aisée qu'on leur avait promise?

La réponse, après ce que nous avons dit, est sur toutes les lèvres : en enrichissant d'abord les indigènes ; avant toute chose, en leur montrant à tirer un meilleur parti de leurs terres, en leur enseignant de nouvelles méthodes, en leur apprenant à cultiver ou à préparer des produits plus riches. Et, du coup, voici que le premier à entrer en scène est non plus le commerçant et l'industriel de la métropole, mais le colon, c'est-à-dire le cultivateur et, plus tard, l'industriel de la colonie.

§ 2. — La mise en valeur des colonies et l'agriculture.

Ce n'est pas seulement pour le commerçant et pour l'industriel de la métropole que la France a conquis les colonies ; c'est aussi, c'est surtout pour le colon, pour celui qui émigre, qui quitte sa patrie, qui va s'installer dans la possession nouvelle et y transporter ses capitaux, son activité, son intelligence, son esprit de direction. Et l'intervention de ce colon-agriculteur va procurer à nos colonies un triple bienfait.

Tout d'abord, elle va établir une inévitable solidarité entre le colon et l'indigène. L'agriculteur qui s'en ira dans les colonies ne pouvant pas, ne devant pas cultiver lui-même, c'est-à-dire se livrer de façon continue et régulière à un travail matériel, devra emprunter le secours de la main-d'œuvre indigène. Le climat le lui ordonne et son intérêt le lui conseille; car jamais on ne s'enrichit du travail de ses mains. Il s'établira non pas dans les districts congestionnés, regorgeant de population; il pénétrera dans les cantons abandonnés, y cherchant des terres disponibles; il y entraînera à sa suite les indigènes, rassurés par la seule présence de l'Européen et charmés de travailler sous ses ordres et de s'enrichir à son exemple; l'un fournira la main-d'œuvre, l'autre la direction. Dans ces circonstances, le rôle du colon s'ennoblit et s'élève : il implique entre lui et l'indigène une sorte d'association; le colon, à mesure qu'il s'enrichit, enrichit l'indigène qui lui a fourni son travail. Et voilà le premier service que rend l'agriculture ainsi comprise : elle fait la fortune non seulement du colon, mais aussi de l'indigène; et, par là, elle concourt à l'apaisement des esprits, à la pacification du pays, non pas à cette pacification dont les Bulletins officiels parlent au lendemain de la victoire et qui tient tout un peuple frémissant sous le joug, mais à cette pacification née de ce que le vaincu accepte volontiers la loi du vainqueur parce qu'il y trouve l'intérêt uni à la justice. Dès lors, la richesse du pays progresse rapidement; les cultures indigènes seront améliorées; les cultures étrangères seront introduites et acclimatées, et avant qu'il se soit écoulé vingt ou trente ans, l'aisance aura pénétré par toute la colonie; l'indigène nourrira les siens, étendra son domaine, acquittera l'impôt, et aura encore du disponible pour alimenter le commerce de la métropole. L'agriculture, précédant le commerce, l'aura rendu possible et bientôt rémunérateur.

Ce n'est pas tout. L'agriculture, au fur et à mesure de son développement, rend un autre service; elle va amener dans nos colonies une quantité notable de colons. Par la force même des choses, elle en amène plus que le commerce. Dans tout pays, dans toute colonie, le nombre des commerçants possibles est limité par la clientèle possible; au contraire, le nombre des agriculteurs possibles n'est limité que par l'étendue de terre et la quantité de main-d'œuvre disponibles. Or, pour alimenter le commerce, pour lui fournir une clientèle suffisante, s'il faut mettons 100 chefs de famille qui achètent, il ne faut à l'agriculteur, pour mettre en valeur une étendue donnée de terre, que 10, 15 ou 25 familles, et alors fatalement le nombre possible de colons agriculteurs est au nombre des colons commerçants dans la proportion de 25 à 100. On peut donc espérer avoir dans une même colonie, pour une même étendue de terre, pour un même chiffre de population indigène, 4 ou 5 fois plus de colons agriculteurs que de colons commerçants.

Or, le nombre des colons n'est pas indifférent :
coloniser, ce n'est pas, comme nous l'avons fait jusqu'ici, jeter çà et là, sous toutes les latitudes, séparés
par des centaines et des milliers de lieues, quelques
individus même pleins de bonne volonté, même disposant de ressources suffisantes ; c'est rassembler
sur quelques points judicieusement choisis des colons
nombreux, qui s'assistent, se conseillent, se protègent,
qui par leur agglomération forment un tout, et s'im-
posent au respect à la fois des indigènes et de l'administration locale et métropolitaine. Nos colons pré-
tendent souvent qu'ils ont peu à se louer de leurs
fonctionnaires. La faute en est un peu à eux : les
colonies ont peut-être les fonctionnaires qu'elles mé-
ritent. Quand elles ont su développer des intérêts
légitimes, former une opinion publique raisonnable
et éclairée, elles obtiennent bientôt une administration
digne d'elles. La preuve en est à nos portes. Les
fonctionnaires des colonies anglaises ne sont pas
(sauf dans l'Inde) supérieurs aux nôtres : comment
se fait-il donc que ces colonies soient prospères tandis
que les nôtres languissent ? C'est que dans leur pros-
périté entrent d'autres facteurs que l'administration
et ses agents ; c'est que ces colonies sont peuplées
d'habitants nombreux, travailleurs, industrieux qui
ont peu à peu formé leurs fonctionnaires et les ont
élevés à l'intelligence de leur rôle.

Tels sont les bienfaits que nous pouvons attendre de la colonisation agricole.

Voilà donc la solution que nous cherchions. Le raisonnement nous y a conduit ; l'histoire nous y eût mené tout aussi bien. A l'origine de toutes les civilisations on trouve la période pastorale ou (si la pâture ne convient pas au pays) la période agricole ; la période commerciale et industrielle ne vient qu'après. Or, nos colonies, c'est une civilisation qui commence ; nous y pouvons bien abréger la durée des périodes, nous ne pouvons ni supprimer l'une de ces périodes ni en intervertir l'ordre. Comme si nous assistions au début d'un monde, — et la comparaison ne pèche guère — nous devons accepter et suivre le développement natuturel et l'évolution logique des phénomènes. Nous avions jusqu'ici, fils de la civilisation occidentale, cru pouvoir, dans des pays neufs, prendre tout de suite pour point de départ ce qui est en Europe un point d'arrivée. C'était une erreur. Nous pensions en être déjà à la période du commerce ; nous n'en sommes encore qu'à l'âge de l'agriculture.

Donc c'est d'agriculture qu'il faut s'occuper et se préoccuper. Nous voulons exploiter et mettre en valeur nos colonies ; voilà le procédé trouvé. Cultivons.

Mais nos colonies sont immenses. Notre empire colonial mesure 8 ou 9 millions de kilomètres carrés :

seize ou dix-sept fois la superficie de la France. Si
nous en retranchons ce qui n'a pas de valeur actuelle et qu'il serait prématuré de prétendre exploiter
dès maintenant, il reste encore 3 millions de kilomètres carrés, cinq ou six fois la métropole. Allons-nous
nous attaquer à cette masse? Songeons que jusqu'ici
les Français qui émigrent sont peu nombreux et peu
nombreux les capitaux qui veulent bien s'employer
aux colonies. Si nous les éparpillons par tout l'empire,
nous n'arriverons à rien.

N'allons donc point diviser entre vingt colonies le
mince courant de l'émigration française; resserrons-le
plutôt, rassemblons-le, invitons-le à couler par des
canaux creusés à l'avance; en un mot, faisons parmi
toutes nos possessions une sélection convenable et, sur
celles que nous aurons choisies, dirigeons nos meilleurs
émigrants. Nous en sommes à la période agricole;
nous enrichirons nos colonies surtout par l'agriculture.
Voilà qui est reconnu et admis. Reste à voir ceci :
lesquelles d'entre elles se prêteront le mieux à cette
expérimentation décisive ?

CHAPITRE III

LA PARTIE ACTUELLEMENT EXPLOITABLE

§ 1. — D'après quoi faire un choix entre nos colonies : les conditions naturelles indispensables.

Toutes les colonies ne sont pas aptes à nous servir de champ d'expérience : les unes sont trop petites, trop peuplées, depuis trop longtemps et trop complètement occupées; les autres, en revanche, sont encore mal connues, à peine explorées, presque absolument dépourvues de population et d'outillage. Celles qui se prêteront à ces tentatives intéressantes, il faut qu'elles y aient été en quelque sorte destinées par la nature et préparées par l'homme. Ce n'est pas à moins que cela qu'elles pourront nous satisfaire.

La nature n'a pas partout également répandu ses dons. Il y a, par exemple, telle partie de l'Afrique où l'on se demande quels hommes seront assez déshérités pour venir planter leur tente. Rien n'y sollicite l'effort du colon et rien ne l'y facilite. La terre est maigre et infertile ; la chaleur et la pluie sont distribuées au rebours de tous les besoins ; l'humidité occasionne et entretient des maladies redoutables ; la population indigène est rare et indolente : si bien que le colon, desservi par le climat, ne peut espérer d'être aidé par l'habitant.

Il faut donc, — avant même de se préoccuper de ce que l'industrie de l'homme saurait, sur un sol vierge, effectuer de transformations merveilleuses — il faut, parmi la variété de nos colonies, choisir celles que la nature a traitées avec bienveillance, à qui elle a imparti un climat salubre et même, s'il se peut, agréable, une population abondante sans être excessive, et enfin des terres fertiles.

Pour le climat, nous avons un guide : la géographie. Elle nous enseigne sous quelles latitudes l'émigrant européen doit chercher son gîte. Autant que possible, il le cherchera hors de la région tropicale ; si cependant — et c'est souvent le cas pour le Français qui veut émigrer en terre française — les circonstances le conduisent malgré lui sous les tropiques ou au voisinage des tropiques, il devra de préférence se fixer dans les îles, où le voisinage de la mer modifie avantageusement les conditions climatériques, ou encore sur les plateaux, où un air plus vif combat l'effet déprimant de la chaleur.

Dans ces îles, sur ces plateaux, qui corrigent, à beaucoup d'égards, ce que le climat tropical a de débilitant, le colon trouvera, suscitée et développée par les largesses d'un sol généreux, une population indigène. Et c'est cette population, née sur ce sol et formée à ce climat, qui va fournir au colon les auxiliaires indispensables. Car, nous le répétons, dans cet empire colonial qui est le nôtre, l'émigrant ne saurait, au moins à l'ordinaire, travailler de ses mains. Son rôle est autre : son rôle est de concevoir et d'organiser les entreprises et de les réaliser à l'aide des indigènes. Encore faut-il que ces indigènes soient laborieux et intelligents, c'est-à-dire disciplinables. Et voici qu'un nouvel élément intervient pour fixer le choix de notre émigrant. Tout à l'heure, nous l'avons vu se décider pour certaines régions à cause de leur climat ; le voici maintenant qui se décide à raison de leur population.

Et cette population, ce n'est pas assez qu'elle soit disciplinable, il faut encore tout à la fois qu'elle soit abondante et qu'elle ne le soit pas trop. Raisonnablement abondante, elle fournit la main-d'œuvre à bon marché. Abondante à l'excès, elle ne laisse pas dans le pays suffisamment de terres disponibles. Or, de la terre disponible, c'est justement ce que vient chercher l'émigrant-agriculteur. Il lui faut de la terre, il lui en faut de vastes étendues, et il ne les peut trouver que dans les pays à population modérée ou encore dans ceux où, par suite de considérations politiques ou économiques, la population se sera massée exclusivement dans certaines régions, laissant les autres régions à peu près désertes.

Et enfin, si cela se rencontre, il sera bon que ces terres disponibles soient en même temps des terres fertiles : la fertilité naturelle est pour le colon une source d'économies. Mais par terres fertiles n'allons pas nécessairement entendre terres vierges. Les terres vierges aujourd'hui sont rares. Des terres qui naturellement seraient fertiles, mais qu'aurait appauvries une longue période de culture imprévoyante, ces terres-là, il ne faudrait pas les dédaigner. Car la science aujourd'hui fournit à l'agriculteur le moyen de leur restituer sans trop de frais la fertilité disparue, et si, d'ailleurs, elles se trouvent sous un climat salubre, parmi une population dense et travailleuse, le colon qui y plantera sa tente fera encore une bonne affaire.

Telles sont les colonies à qui la nature, d'avance, destine des émigrants et sur lesquelles les émigrants doivent jeter leur dévolu : pays salubres, convenablement peuplés et offrant des terres fertiles. Mais ces qualités naturelles ne sont pas encore suffisantes pour entraîner la décision du colon : il faut, pour qu'il se détermine à s'y créer une nouvelle patrie, qu'aux dons de la nature se joignent les œuvres de l'homme et que la métropole, après avoir conquis ou acquis la colonie, y ait déjà introduit certains éléments de civilisation, certains instruments de travail.

§ 2. — L'INTERVENTION DE LA CIVILISATION.

Tout d'abord, le colon exige la sécurité de sa personne et de ses biens ; il entend que les fruits de son labeur et de son économie soient protégés contre les ennemis du dehors et les ennemis du dedans. Sans doute, dans les colonies pas plus que dans la métropole, on ne peut défendre l'individu contre les crimes individuels : la haine, la convoitise du bien d'autrui sont d'irréductibles passions, dont il est plus facile de punir que de prévenir les effets. Mais dans les pays neufs, on a autre chose que cela à redouter. La civilisation y survenant dérange des habitudes séculaires ; toute une classe d'habitants étaient en possession de piller, à tout le moins de pressurer les travailleurs paisibles ; ils sentent que l'établissement des Européens les menace dans ces odieux privilèges et ils s'efforcent, durant les premières années, de maintenir ces privilèges, même par la force. A cette lutte pour les intérêts privés se joint parfois le souci des intérêts publics : le patriotisme offensé colore d'un beau prétexte la défense des appétits menacés. Pour toutes ces causes, on voit, au lendemain de la conquête, surgir de toutes parts des bandes d'hommes armés, que nous appelons des pirates et qui n'ont d'ailleurs rien de commun avec les façons de héros que l'histoire a décorés de ce nom. Leurs incursions et leurs attaques, tant qu'elles durent, apportent un obstacle invincible au succès des entreprises des colons et au progrès de la colonisation. Nul ne peut, sans folie, aller dans des régions encore insoumises exposer sa vie et risquer sa fortune; la plus élémentaire prudence commande d'attendre le jour où la sécurité des colons sera garantie, et le devoir évident de la métropole est de prendre sans retard les mesures qui la garantiront.

Mais ce n'est pas assez de la sécurité. Il faut encore dans la colonie un commencement, si rudimentaire soit-il, d'organisation et d'administration. Les colons peuvent avoir des difficultés soit entre eux, soit avec les indigènes : le service de la justice doit être assuré dès le premier jour. Et de même, si indépendants d'humeur et de conduite qu'on les suppose, ils ont besoin d'un chef commun, ne dût-il que leur servir d'intermédiaire auprès de la métropole et des autorités indigènes; par conséquent, dès le premier jour encore, on mettra à la tête de la colonie un administrateur, assisté, s'il y a lieu, d'auxiliaires de divers grades. Au surplus, la France n'a jamais méconnu ce genre d'obligation. Nos colons, où qu'ils aillent, sont assurés d'être suivis, sinon même précédés, d'un corps respectable de fonctionnaires. Et, quand il s'agit de colonies françaises, le vœu à émettre est non pas qu'on y institue une administration, mais que cette administration ne comprenne que l'indispensable et ne recrute que des hommes scrupuleusement choisis, convenablement rétribués et investis de pouvoirs suffisants.

Enfin, dernier *desideratum* (le dernier dans notre énumération, mais peut-être le premier par l'importance), outre la sécurité et l'organisation politique et judiciaire, citons encore l'outillage, c'est-à-dire les travaux publics. Il n'est pas un homme au courant des affaires coloniales qui n'en sente l'absolue nécessité : routes, chemins de fer, canaux, ports, etc., sont les instruments indispensables du progrès. Sans eux la pacification n'est jamais complète ; sans eux les districts les plus fertiles demeurent impénétrables, les produits les plus abondants ne peuvent arriver sur les marchés. On ne saurait exagérer le concours qu'ils apportent au gouvernement, à l'administration et au colon.

Et cependant, par un illogisme déplorable, les mêmes nations qui ne marchandent jamais quand il s'agit de conquérir les colonies, lésinent parfois, jusqu'à la ladrerie, quand il s'agit de les outiller. Telle colonie qui a été conquise en quelques mois, au prix de cen-

taines de millions, demeure pendant des années inutile
aux mains du vainqueur, faute de quelques centaines
de mille francs. Ses ressources les plus précieuses
restent inexploitées et le colon le plus entreprenant
ne se décide pas à s'y établir.

Avant de se fixer dans une colonie quelconque, ce
colon sera donc prudent de faire son enquête. Dons de
la nature et œuvres des hommes, il devra tout vérifier.
La salubrité du climat, l'existence de terres fertiles,
le concours possible des indigènes et, d'autre part, la
sécurité garantie, l'administration constituée et l'outillage déjà en fonction, voilà les conditions nécessaires
auxquelles il devra subordonner son établissement.

Or, ces conditions bien évidemment ne se ren-
contrent pas encore dans toutes nos colonies; mais
il en est qui déjà les réunissent toutes ou presque
toutes : ce sont (pour ne rien dire de l'Algérie, la
plus avancée de nos possessions) la Tunisie, le Tonkin
et la Nouvelle-Calédonie.

Sans doute, cela ne veut pas dire que les autres
soient sans valeur : dans presque toutes on peut, à la
condition de disposer d'assez de capitaux, faire un
commerce qui, en l'état de choses actuel, demeurera
fructueux, pourvu que la concurrence ne soit pas trop
vive; dans plusieurs d'entre elles, on peut également
faire de l'agriculture, par exemple entreprendre des
plantations de café, de cacao, etc., qui seront rému-

nératrices, à la condition de n'être pas trop voisines les unes des autres et de ne pas se disputer une main-d'œuvre jusqu'ici peu abondante et peu habile; et encore agriculture et commerce ne réussiront que si quelque homme de valeur conduit l'entreprise. Mais les conditions mêmes auxquelles nous y subordonnons le succès prouvent que ce succès sera plutôt l'exception. On peut dire de ces colonies qu'elles ne sont pas encore prêtes pour l'exploitation ordinaire et régulière et ne peuvent offrir un champ d'action qu'aux esprits aventureux, pour ne pas dire aux aventuriers. Or, précisément, ceux que nous ambitionnons de diriger sur les colonies, ce sont des hommes prudents, travailleurs, de fortune médiocre, en quête d'une situation qui leur apporte l'aisance, sinon la richesse; à ceux-là conviennent seules, pour le moment, les trois colonies que nous avons nommées : la Nouvelle-Calédonie, la Tunisie et le Tonkin.

Pourquoi à ces trois colonies, n'ajoutons-nous pas Madagascar? Parce que d'abord c'est un pays neuf, conquis à peine depuis quelques mois, dans lequel nous n'avons pu exécuter aucuns travaux publics et ne serons pas avant longtemps à même d'en exécuter de quelque importance. Ensuite; parce qu'on ne connaît que très imparfaitement le pays et qu'on ne voit pas que le gouvernement ait pris pour le connaître le seul moyen convenable, c'est-à-dire l'envoi de missions organisées sur le modèle de cette grande institution, le *Survey*, à laquelle les Anglais doivent de connaître si parfaitement les Indes, missions composées de gens techniques, parcourant le pays en tous sens, en levant la carte à grands traits, revenant sur les points reconnus les plus favorables, cataloguant et pouvant, au bout de longues, patientes et consciencieuses investigations, signaler au gouvernement et au pays les ressources de la possession nouvelle et ce qu'on en peut espérer. Tant que des mesures semblables n'auront pas été prises pour Madagascar, on ne peut sans imprudence dire aux colons : « Allez à Madagascar. » Nous avons la conviction que le gouvernement même de cette grande île est, sur ce point, d'accord avec nous.

Maintenant que nous avons déterminé la partie actuellement exploitable de notre empire colonial, entrons dans quelques détails sur chacune des colonies désignées.

§ 3. — La Nouvelle-Calédonie.

La Nouvelle-Calédonie est située à l'extrémité de la région tropicale, entre 20 et 22 degrés de latitude australe; sa position même lui permet d'échapper à la plupart des inconvénients dont souffrent les climats intertropicaux; sa condition d'île, d'aspirer au titre de climat modéré. L'année s'y divise en deux saisons, la saison fraîche et la saison chaude. Pendant la saison fraîche, avril à octobre, le thermomètre descend jusqu'à 13 degrés au-dessus de zéro; pendant la saison chaude, il se tient aux environs de 27 à 29 degrés; la brise de mer assure à l'habitant des nuits fraîches et un sommeil calme et, le jour où l'île sera plus peuplée et plus riche, les montagnes, qui atteignent des hauteurs de 1 200 et de 1 600 mètres, permettront d'installer pour l'été des *sanatoria* exceptionnels.

L'étendue de la colonie est de 1 800 000 hectares, dont un tiers en terrains miniers, le reste en terres fertiles, qui se prêtent à des cultures variées, quelques-unes très rémunératrices.

Tout colon qui remplit les conditions que nous dirons plus loin a droit à une concession gratuite, d'étendue modérée, formée de terres à café et de terres à cultures diverses. De plus, l'administration s'offre à lui vendre ou à lui louer, en outre de sa concession, la quantité de terres qu'il désire, à des prix acceptables : s'agit-il de vente? 25 francs l'hectare les terres à pâturages, 100 francs les terres à café; s'agit-il de location? 6 pour 100 de leur valeur vénale. Et, pour faciliter plus tard ces arrangements, on a, au milieu de chaque centre de colonisation, réservé une superficie égale au tiers de l'étendue totale.

Sur les terres ainsi obtenues, le colon peut essayer tous les genres de culture : le soleil et l'eau sont à ses ordres, et ce n'est ni le sol ni le climat (sauf les cas, assez rares, de sécheresse et de cyclones) qui contrarieront ses efforts. Ses entreprises peuvent se distinguer en deux catégories : entreprises à brève et à longue échéance, celles qui d'abord le nourriront et lui permettront d'attendre, et celles qui plus tard l'enrichiront. Parmi les premières : culture de l'igname, du taro, des bananes, des oranges, — dont il pourra envoyer d'importantes quantités en Australie, — des légumes verts, qui varieront son ordinaire et, vendus au marché de Nouméa, lui donneront de jolis bénéfices; parmi les secondes : l'élevage, la culture du café (qui rapporte au bout de cinq ans) et du cocotier, pour le coprah (qui rapporte au bout de huit années).

Ces dernières cultures, il ne peut songer à les entreprendre avec ses seules forces : il lui faut des auxiliaires indigènes, une main-d'œuvre à bon marché. Il la trouvera sur place : Canaques de Calédonie, des Nouvelles-Hébrides ou des Salomon, ou plutôt Javanais, Japonais ou Tonkinois, dont il pourra par contrat s'assurer les services à bon compte, pour plusieurs années.

De ce qui précède on a déjà pu conclure que ces colons de Nouvelle-Calédonie ne sauraient se recruter dans ce qui a trop longtemps constitué le contingent normal de l'émigration française : gens ruinés, gens malades ou découragés. Ce qu'il faut ici, ce sont des gens bien portants et travailleurs, gens de la campagne plutôt que de la ville, gens enfin possédant un capital. Ce capital indispensable, on l'a calculé au plus juste à 5 000 francs, et mieux en vaudrait 10 000 ou 20 000 que 5 000. Avec ce capital, des estimations faites par les hommes les plus compétents [1] assurent au colon, s'il est intelligent, travailleur et économe, et si, d'ailleurs, la nature ne l'a pas trop maltraité, un revenu, au bout de cinq ou six années, de plusieurs milliers de francs.

Et, pour doubler ses chances, on a pris soin, dès son arrivée, de le diriger, de le patronner, de le préserver des erreurs ou des pièges qui attendent les nouveaux venus. L'administration de l'île et, à côté d'elle,

---

1. L'*Union agricole calédonienne*, sur la demande de M. le gouverneur Feillet, a écrit une notice (publiée par l'*Union coloniale française*) qui expose dans ses divers éléments le budget annuel du colon pendant les huit premières années.

L'*Union coloniale française*, d'accord avec le gouverneur et le conseil général de la Nouvelle-Calédonie, a publié un guide complet de la Nouvelle-Calédonie (124 pages avec une carte), actuellement à sa 10ᵉ édition, et un certain nombre de notices complémentaires, distribués à tous ceux qui en font la demande (56, rue de Provence, Paris).

une association, appelée *Union agricole calédonienne*, qui s'est fondée un peu sur le modèle de l'*Union coloniale française*, attendent à la sortie du bateau, tous ceux qui léur ont été signalés de France. Elles les accueillent, s'efforcent de leur épargner les premières tristesses d'une vie nouvelle, les pilotent, les abritent jusqu'au jour où une concession leur aura été attribuée, les font alors accompagner à cette concession par un colon expérimenté qui les assiste dans leur mise en train et ne les quitte que le jour où ils sont assez « débrouillés » pour se suffire à eux-mêmes.

Enfin, lorsque l'exploitation commence à rapporter, le colon trouve pour transporter ses produits à Nouméa ou hors de l'île des services de navigation réguliers, qui n'attendent que le développement de la richesse locale pour prendre une grande activité.

Chose remarquable et que nous avons un véritable plaisir à dire, cette organisation prévoyante, quasi paternelle quoiqu'elle laisse encore bien de la marge à l'initiative du colon, est l'œuvre presque entière du gouverneur actuel de la Nouvelle-Calédonie, M. Feillet. C'est lui qui, arrivant dans une colonie découragée et appauvrie par une crise sévère, a ranimé les énergies, suscité les concours bienveillants et mis sur pied un mécanisme qui, dans l'espace de moins d'une année, a valu à la Nouvelle-Calédonie au moins cent familles d'émigrants, du genre précisément et de la qualité qui lui convenaient et munis du petit capital initial déclaré nécessaire.

Oui, tout cela est l'œuvre d'un homme, d'un fonctionnaire assisté des colons de bonne volonté. On a dit — et parfois c'était malheureusement légitime — beaucoup de mal des fonctionnaires de nos colonies. Voici que nous trouvons en Calédonie un gouverneur qui accomplit spontanément une œuvre considérable. Et, passant au Tonkin et en Tunisie, nous allons voir un résident général, M. Millet, et un gouverneur général, M. Rousseau, aussi ingénieux, aussi zélés pour le bien de la colonie qu'a pu l'être M. Feillet. Dans l'histoire de la colonisation française, non pas de cette colonisation qui découvre et qui soumet, mais de celle qui fonde et organise, qui donne les lois et fixe les hommes, il faudra retenir ces trois noms : Feillet, Millet et Rousseau. Placés aux extrémités du monde et dans des sphères d'influence bien différentes, ils ont également bien mérité de la patrie.

§ 4. — La Tunisie.

En Tunisie le problème de la colonisation se présente dans des conditions un peu autres.

Ici la terre n'est plus une terre vierge, c'est une terre cultivée depuis des siècles par les Arabes et sinon épuisée du moins appauvrie par une méthode qui prend tout et ne restitue rien. Il faudra donc avant peu, dans le devis des frais de culture faire, pour un certain chiffre, figurer l'achat d'engrais (fumier de ferme ou sels minéraux).

D'autre part, cette Tunisie est toute proche de la France. La Tunisie n'est que, dans le sens géographique le plus étroit, un pays d'outre-mer. La Méditerranée qui baigne ses rivages, baigne en même temps ceux de la France. Il en résulte que le colon ne voit en elle qu'un prolongement de la patrie et ne redoute ni d'y émigrer ni d'y résider. Partant, la terre y a plus de valeur ; ce n'est plus de 25 francs pour les terres ordinaires ni de 100 francs pour les terres exceptionnelles qu'il faut parler, c'est de prix bien plus élevés, qui, aux abords des villes (s'il en reste), atteignent les prix de France et, qui dans la campagne, si le sol a été défriché, montent toujours à 100 francs au minimum et parfois bien plus haut.

Enfin, comme la Tunisie n'est point un pays tropical (Tunis est situé par 37 degrés de latitude nord et toute la région actuellement exploitable est comprise entre le 33e et le 37e degré), on ne peut songer à y faire des cultures riches, telles que le café ; on est réduit à une culture qui rappelle singulièrement la

culture européenne et qui n'a sur elle que ces supé-
riorités : abondance de soleil et bon marché de la
terre et de la main-d'œuvre. Les céréales, la vigne,
surtout l'élevage des bœufs et des moutons, voilà où
peut s'employer l'activité du colon; ajoutez-y, comme
placement à longue échéance (surtout dans la région
du centre et du sud) l'olivier, dont le produit, l'huile,
aura longtemps, quoi qu'on puisse dire, un emploi
rémunérateur dans l'alimentation et l'industrie mé-
tropolitaines.

Pour les raisons qui précèdent, la Tunisie, comme
la Nouvelle-Calédonie, n'attend, ne désire et ne peut
favoriser que le colon qui dispose d'un capital, et ce
capital on l'a évalué au plus bas à 15 000 francs.
Disons ici encore que c'est là un minimum au-dessous
duquel on ne saurait descendre et que 30 000 francs
et même 50 000 vaudraient mieux encore.

A côté de ces colons qu'on peut appeler moyens, la
Tunisie comporte encore et possède déjà deux autres
catégories de colons. D'abord les gros colons, qui, au
nombre de plus d'une centaine, ont, dès le lendemain
de la conquête, acheté des domaines fort importants,
quelques-uns de milliers d'hectares, lesquels sont le
plus souvent dirigés par des intendants ou chefs de
culture, les propriétaires venant seulement, une ou
deux fois l'an, donner le coup d'œil du maître. Ensuite,
les tout petits colons, simples métayers, qui dirigent

des exploitations de médiocre étendue et de qui l'on exige, plutôt que du capital (qui ne serait jamais qu'une très faible somme, une sorte de cautionnement), de l'honnêteté, des connaissances agricoles, l'habitude de la culture et le goût du travail des champs.

Ici, comme en Nouvelle-Calédonie, on a pris des mesures pour que, dès le débarcadère, le colon nouveau venu ne se sentît pas dépaysé et ne fût pas exploité. L'*Union coloniale française*[1] a, à Tunis, une délégation composée d'hommes extrêmement capables et dévoués, qui ont assumé la charge de l'accueillir et le conseiller. Et, d'autre part, la résidence générale a organisé un bureau de l'agriculture où le futur émigrant, comme le colon qui s'installe, sont assurés de rencontrer l'accueil le plus cordial et les informations les plus sûres.

Ajoutons enfin — dernier argument — que l'admi-

---

1. L'*Union coloniale française* a été chargée par le résident général de Tunisie, M. Millet, de faire connaître en France, par une large propagande, la Tunisie et ses ressources et aussi de répondre aux demandes de renseignements qui lui seraient adressées par les personnes désireuses d'émigrer. Elle a publié un *Guide de l'émigrant en Tunisie*, actuellement à sa 8e édition, dont l'auteur est M. Saurin, colon très estimé, auteur de travaux remarquables sur la colonisation en Tunisie. Un fonctionnaire de la résidence générale de Tunisie est à demeure aux bureaux de l'*Union coloniale*, 56, rue de Provence.

nistration du protectorat a donné jusqu'ici de beaux et bons exemples de prudence, de sagesse et d'activité; qu'elle a constitué de larges réserves financières en vue de l'exécution, actuellement commencée, d'un réseau de voies ferrées et d'autres grands travaux publics; qu'elle a doté la Régence de lois excellentes et que, notamment, le régime foncier est organisé en Tunisie dans des conditions bien préférables à celles de France. Le transfert de la propriété, la constitution des sûretés réelles trouvent dans l'acte Torrens modifié un instrument remarquablement efficace. Le jour, prochain, il faut l'espérer, où l'on aura introduit en Tunisie des établissements de crédit foncier (quels qu'ils soient), l'agriculture pourra, tant sera grande la sécurité du prêteur, trouver sur place le crédit à bon marché. Ce jour-là, la Tunisie aura devant elle un avenir illimité.

§ 5. — LE TONKIN.

Le Tonkin, enfin, n'est pas moins digne que ces deux colonies d'attirer le colon. Mais ce colon, il le veut encore plus prudent, plus déterminé et mieux pourvu d'argent que ceux de Tunisie et, à plus forte raison, de Nouvelle-Calédonie.

Plus prudent, car ici nous ne sommes plus en dehors ou à l'extrême limite du climat tropical; nous y sommes en plein. Sans doute le Tonkin, à la différence de la Cochinchine, a un hiver très net, où, même dans le Delta, le thermomètre descend parfois jusqu'à 7 degrés au-dessous de zéro; sans doute, les plateaux du Haut-Tonkin, en dehors du Delta, offrent au colon un climat plus frais et plus salubre; mais partout, Delta ou Haut-Pays, le soleil, avec le danger d'insolation, l'humidité, avec le danger de fièvres, sont des ennemis constants et redoutables, et le colon européen, qui est sûr d'échapper à ces dangers s'il est prudent, est sûr, au contraire, d'être leur victime s'il ne surveille pas exactement son vêtement, son habitation, sa nourriture, son genre de vie, son travail, ses plaisirs, etc.

Plus déterminé, car les territoires qui lui sont réservés sont situés en pleine solitude. Ce n'est pas dans le Delta qu'il peut prétendre s'établir : déjà la population y est en excès et le sol occupé jusqu'au dernier pouce. Il doit — par nécessité et aussi par hygiène — s'en aller par delà le Delta, dans les vastes espaces que vingt années de guerre ont vidés d'habitants, et bâtir, loin de toute agglomération, sa maison et ses dépendances, centre d'un futur village indigène, qui bientôt se serrera autour de lui.

Enfin, mieux pourvu d'argent, car nécessairement

il aura hâte de faire fortune, il aspirera à rentrer promptement dans la société et à habiter un climat plus clément; il lui faudra donc marcher à pas rapides, prendre pour cela de nombreux auxiliaires, ce qui implique des dépenses assez élevées, si bon marché que soit la main-d'œuvre.

Cette main-d'œuvre, d'ailleurs, il la trouvera sur place, abondante et disciplinable, et pourra en tirer un parti excellent. Le Tonkinois comprend tout, imite tout, réussit dans tout. Il l'emploiera comme ouvrier à la tâche ou l'élèvera à la dignité de métayer : de toute façon, il n'aura qu'à se louer de lui.

Avec un pareil concours, il pourra entreprendre tous les genres de culture. Il divisera sa concession en deux parties. Dans les parties basses, le long des ruisseaux ou des rivières, il cultivera du riz, ce riz qui est la manne et la réserve du Tonkin, il lui demandera de quoi nourrir ses ouvriers et, avec le surplus disponible, de quoi payer ses frais généraux; dans les parties hautes, sur les plateaux ou à flanc de coteau, il fera les cultures riches : le café, le thé, le pavot à opium, etc., ses métayers lui fournissant gratuitement la main-d'œuvre en échange des terres concédées, des instruments prêtés et des semences fournies.

Pour de pareilles entreprises, ce ne sont plus 5 000 fr., ce ne sont même plus 15 000 fr. qu'il

lui faut : c'est au moins 30 000 fr. Le guide[1] dit
30 000 fr. : disons 40 000 fr., et 60 000 fr. feraient
mieux que 40 000 fr. Et évidemment, voilà qui est
une somme, et, à cause de cette somme, on ne peut
pas dire que le « colon pour le Tonkin », l'homme
qui a à lui 30 000 fr., 40 000 fr. ou 60 000 fr., coure
les rues. Mais il existe, il se présente déjà; bientôt il
fera nombre.

Et, comme il ne regrettera pas son initiative! Que
de concours et de facilité il rencontrera sur son che-
min! Des moyens de transports abondants, canaux ou
rivières qui existent déjà, routes de terre ou chemins
de fer que l'on est en train de construire, d'élargir
ou de prolonger; le *Syndicat des planteurs* et la
Chambre d'agriculture, qui le dirigeront dès ses
premiers pas, et enfin le Gouverneur Général et ses
agents, qui, du premier au dernier, l'aideront, l'as-
sisteront, l'encourageront et se réjouiront de son
succès.

Tel est l'avenir qu'offrent à nos colons ces trois
colonies. Elles sont arrivées à maturité; elles sont
prêtes pour l'exploitation; d'autre part, les colons

---

1. Un *Guide de l'émigrant au Tonkin* dû à une plume très
autorisée, est en préparation à l'*Union coloniale française*,
ainsi qu'une *Revue de l'Indo-Chine*, sorte d'encyclopédie
constamment mise à jour, à l'usage de ceux qui s'intéressent
aux choses de ce pays.

existent en France, remplissant toutes les conditions du programme. Reste à les trouver, à les instruire des ressources et des chances de fortune qui les attendent, et enfin à les décider au voyage. Comment y parvenir? C'est ce que nous étudierons dans un dernier chapitre.

CHAPITRE IV

LES COLONS — L'ÉDUCATION NATIONALE

Nous voici maintenant aux termes de nos recherches : nous touchons au but.

Parmi les procédés qui peuvent, *dans la présente période*, enrichir les colonies, nous avons déterminé le plus expédient : l'agriculture; parmi la variété de nos possessions, nous avons indiqué comme étant le plus tôt et le plus fructueusement exploitables : la Tunisie, le Tonkin, la Nouvelle-Calédonie; enfin, parmi les émigrants possibles, nous avons désigné comme les seuls qui conviennent : ceux qui ont des ressources. Reste maintenant à dégager les moyens de découvrir ces colons là où ils sont et de les décider à émigrer : c'est ce que nous allons tâcher de faire.

§ 1. — LES COLONS NÉCESSAIRES.

On a dit — et c'est le prince de Bismarck qui est responsable de cette assertion — que l'Angleterre a des colonies et des colons, l'Allemagne des colons sans colonies et la France des colonies sans colons. C'est là un paradoxe spirituel, mais ce n'est qu'un paradoxe. L'Allemagne, depuis qu'elle a des colonies, n'est pas encore parvenue à les peupler, et, pour le dire en passant, n'a pas dans son protectorat du Sud-Ouest africain plus de 600 Allemands, dont la plupart ne sont des colons que de nom. La France, elle, a su, soit sous l'ancien régime, soit de nos jours, fournir des colons nombreux et excellents à ses colonies de peuplement : témoin autrefois la population du Canada, témoin aujourd'hui les créoles des Antilles et de la Réunion et les 220 000 Français de l'Algérie ; et si ses autres colonies, d'ailleurs récentes, ne renferment pour la plupart que peu de Français, c'est que ce sont des colonies d'exploitation et que leur climat, comme l'abondance de leur population indigène, non seulement n'exigent pas, mais même ne permettent pas la présence de nombreux colons ; c'est que la tâche qu'elle y doit accomplir ne peut se faire qu'à force de capitaux, non à force de bras. A l'appui de cette opinion, nous citerons l'exemple de colonies, de tous points comparables aux nôtres, telles que Java, qui renferme, après plusieurs siècles d'existence, au maximum 60 000 colons, et les Indes anglaises, qui, plus vastes que la moitié de l'Europe et peuplées de 280 millions d'indigènes, ne comptent encore que 40 000 Anglais, agriculteurs ou commerçants. Comme Java, comme les Indes, la plupart des colonies françaises, mettant à part l'Afrique du Nord, n'ont pas besoin de beaucoup d'émigrants; elles n'en sauraient que faire. Si les 500 000 émigrants qui, de 1857 à 1895, ont quitté la France s'étaient tous dirigés sur elles, elles en eussent probablement été embarrassées et il leur eût fallu, à n'en pas douter, en rapatrier un bon nombre. Ce qui leur convient, ce n'est donc pas la quantité, c'est la qualité : ce sont des colons, insistons-y, ayant le goût du travail et de l'économie, de l'ingéniosité et des connaissances agricoles, et surtout un capital.

Les colons de cette qualité existent-ils en France? On peut l'affirmer. Sont-ils disposés à émigrer? Nous croyons qu'ils ne le sont pas encore; mais des événements prochains vont les décider, et déjà beaucoup les ont pressentis et ont pris de l'avance sur les faits.

Ce n'est certainement pas la bourgeoisie riche, la haute finance ni même la grande agriculture qui fourniront des colons à nos colonies; tous ceux qui ont ou sont assurés d'avoir une belle position ou des rentes suffisantes resteront en France. Et l'on ne peut pas dire qu'ils aient tort de le faire, mais ceux-là sont une exception. Descendons au-dessous d'eux et portons nos recherches dans la masse de la petite bourgeoisie ou même des carrières libérales.

Voici des fils de professeurs (voire de professeurs de faculté), de magistrats (voire de conseillers), de fonctionnaires (voire de directeurs), de modestes rentiers, de commerçants de seconde importance; ils touchent à leur vingtième année, ils s'inquiètent d'une position : où la trouveront-ils?

Autrefois, vingt avenues s'ouvraient devant eux avec, au bout, des chances d'avenir magnifiques, à tout le moins acceptables : l'armée, la magistrature, les fonctions publiques, l'agriculture, le haut commerce, la grande industrie. Aujourd'hui tout cela est obstrué, pour ne pas dire fermé, et, bien mieux, souvent dédaigné.

L'armée, carrière admirable, n'offre plus, dans notre période pacifique, qu'un lent avancement et laisse entrevoir dans la généralité des cas la retraite obligatoire comme chef de bataillon ou d'escadron. Et, pour le dire en passant, il n'est pas un bon Français qui ne s'alarme de voir cette armée absorber sans profit immédiat tant de belles intelligences, tant de volontés puissantes dont le pays, dans d'autres voies, aurait si bien l'emploi.

La magistrature, dépouillée, après la suspension temporaire d'il y a douze ans, du prestige de l'inamovibilité et engagée malgré elle dans des aventures politiques, ne tente plus les jurisconsultes droits et paisibles, et, exigeant à l'entrée un long stage non payé, décourage et écarte les jeunes gens sans fortune.

Les fonctions publiques, multipliées à l'excès par la démocratie, ont vu d'année en année réduire le nombre et l'importance des traitements supérieurs et ne permettent plus, à celui qui n'a pas de patrimoine, de vivre et d'élever ses enfants avec décence pour son milieu.

L'agriculture, depuis vingt ans, ne cesse (à tort dans bien des cas) de crier misère et éloigne à la fois un crédit qui pourrait être bienfaisant et des recrues qui pourraient être précieuses.

Quant au commerce et à l'industrie, ils commencent à constituer une classe qui se recrute exclusivement dans ses propres rangs. Autrefois les fils de la grande industrie et du haut commerce faisaient la sottise, à l'ordinaire, de se disperser dans les carrières libérales, les fonctions publiques, l'armée ou la vie mondaine, et c'étaient, à leur place, des fils de la démocratie, ingénieurs, chimistes, avocats, élèves de nos grandes écoles, qui, après un stage plus ou moins long et des promotions plus ou moins rapides, étaient élevés au rang d'intéressés, puis d'associés, enfin de patrons. Le gros commerçant et le haut industriel occupent désormais dans la société une place qui ne fait plus sourire leurs enfants; en même temps l'impossibilité pour une génération de vivre longtemps, sans entamer le capital, sur les rentes acquises par la génération précédente, a fait de la vie oisive et mondaine une carrière dangereuse dont on n'a plus grand'peine à écarter les jeunes gens même les plus ardents. Il en résulte qu'aujourd'hui celui qui a par son mérite fondé quelque entreprise lucrative, peut avec confiance réserver, et a raison de réserver, invariablement sa succession pour son fils (qui accepte) voire pour son gendre (on épouse les filles avec promesse d'association et de succession); la raison sociale : « un tel et fils » devient de plus en plus fréquente; partant les enfants de la démocratie, sauf un mérite exceptionnel, n'ont plus, dans ces carrières qui semblaient autrefois leur domaine, d'autres perspectives que celles d'agents salariés, pouvant désormais prétendre à l'aisance, mais non plus à la fortune.

Ainsi, en thèse générale, de toutes parts les routes qui les conduisaient autrefois à l'indépendance et à la richesse sont sinon fermées, du moins singulièrement rétrécies. En même temps, la baisse continue du taux de l'intérêt donne une valeur moindre au mince héritage que leurs parents avaient pu leur laisser. Jadis, 100 000 francs de capital assuraient un revenu de 5000 francs net d'impôt, et le coût de la vie permettait d'en vivre. A l'heure actuelle, quand précisément les hommes ont plus de besoins et des besoins plus coûteux, ces 100 000 francs, après que le fisc a prélevé sa part, ne laissent guère plus de 2 800 francs de revenu. Or un patrimoine de 100 000 francs par tête, dans la classe dont il s'agit, est chose rare : que sera-ce pour ceux qui ont moins? Possédant trop peu pour vivre, et toutefois trop pour oser le risquer, ils seront réduits à chercher n'importe où un appoint à leurs modestes revenus et c'est fatalement pour eux le fonctionnarisme ou les emplois subalternes, la vie étroite et médiocre, le mariage d'argent, le nombre des enfants limité, c'est-à-dire tout ce qui peu à peu constitue les citoyens sans initiative et les nations sans énergie. Les faibles se résigneront à cette humiliation; les autres regimberont et s'efforceront : à ceux-ci, les colonies peuvent apporter le salut, comme eux peuvent être le salut des colonies.

Encore faut-il qu'ils sachent ce que sont nos colonies, leur climat, leur population, leurs ressources, le genre de vie qu'on y mène, les chances d'avenir qu'elles offrent, les conditions auxquelles le succès y est subordonné. C'est toute une éducation à faire.

Cette éducation, jusqu'à nos jours, personne ne l'a

tentée, personne même n'a paru estimer qu'il la fallût tenter. Quelques rudimentaires notions de géographie coloniale dans les programmes de l'enseignement primaire, quelques aperçus d'histoire de la colonisation française dans les programmes de l'enseignement secondaire : ç'a été tout, Mais des idées générales sur les colonies et leurs rapports avec la métropole, une description intéressante de la vie dans les colonies, la différence entre nos colonies d'autrefois (Canada, Louisiane) et nos colonies d'aujourd'hui (Indo-Chine, Afrique occidentale), entre des colonies de peuplement et des colonies d'exploitation, le rôle du colon suivant les climats et la population, tout cela appuyé par l'histoire, vivifié par l'image, égayé par l'anecdote, simplifié pour l'enfant, approfondi pour le jeune homme, personne n'y a songé ou du moins ne l'a entrepris. Et c'est ce qui explique à merveille que nos jeunes gens pendant si longtemps se soient, en dépit de tout, obstinés à demeurer en France, ou, s'ils en sortaient, à aller chez les étrangers. Ce n'était pas de la répugnance, ce n'était même pas de l'indifférence : c'était de l'ignorance.

Heureusement, depuis quelques années, on s'est éveillé de cette torpeur. L'enseignement officiel donne déjà une part un peu plus large aux matières coloniales; les instituteurs font souvent à leurs élèves et aux parents de leurs élèves des conférences sur ces questions; dans beaucoup de nos lycées, les professeurs de géographie étudient avec passion et intelligence les problèmes de pure colonisation; dans l'enseignement supérieur (Sorbonne), une place a été réservée à la géographie des colonies, tandis que dans nos facultés des lettres et de droit, chaque année, des thèses de doctorat sont consacrées aux études coloniales; enfin, voici qu'apparaissent, dues à l'initiative privée, certaines publications du genre de celles précisément que nous désirions[1]. On peut, dès maintenant, espérer que, d'ici à quelques années, nos écoliers, nos lycéens, nos étudiants sauront ce que vaut notre empire d'outre-mer et ce qu'on peut en tirer.

Ce sera beaucoup déjà; mais pas encore suffisant. Il faudra davantage. Et puisque c'est l'agriculture qu'il s'agit d'abord de développer, il importe d'élever les jeunes hommes dans la science agricole appliquée

---

1. Le *Comité Dupleix*, fondé par le célèbre explorateur Bonvalot, préconise l'éducation coloniale de l'enfant et du citoyen par l'image, le livre, le journal, la conférence.

L'*Union coloniale française* favorise la même idée. Déjà son secrétaire général, auteur de la présente étude, a écrit, en vue des écoles primaires, un *Livret de colonisation*, partie du maître et partie de l'élève (Colin, éditeur). Le titulaire, à la Sorbonne, de la chaire de géographie coloniale, M. Marcel Dubois, écrit un livre, destiné aux écoles, dont le titre est : *Tu seras colon* (A. Colin). Enfin l'*Union coloniale* inspire et subventionne des thèses de doctorat sur des questions de législation coloniale et de colonisation.

aux colonies. Il importe que dans chacune de nos écoles d'agriculture, il y ait une section spéciale qui les prépare au rôle que l'on attend d'eux.

Voilà l'éducation qu'il convient de donner à la jeunesse. Mais ce ne sera pas assez de savoir, il faudra agir ; après la nécessité de l'instruction surgit la nécessité de l'émigration.

Ce serait une erreur de croire que la population française n'émigre pas. L'*Annuaire statistique de la France* accuse de 1857 à 1892 une émigration purement française de 285 000 âmes. En moyenne, le contingent annuel de cette émigration ressort environ à 9 000 personnes ; à certains moments (1889) il s'est élevé à 31 000. Et il est permis de croire que les chiffres de l'administration française sont encore très inférieurs à la réalité. Ils ne se rapportent qu'à l'émigration par les ports et, même dans ces ports, n'ont pu comprendre beaucoup d'émigrants (notamment ceux qui, voulant échapper à l'obligation du service militaire, ont soin de se soustraire à l'attention des services intéressés). Lorsqu'on a la possibilité de comparer le total de l'immigration française dans les pays d'arrivée aux chiffres d'émigration officiellement accusés par nos services, on voit du premier coup d'œil que l'écart est énorme et qu'il faut, pour être près de la vérité, majorer les nôtres dans une proportion considérable.

Il y a donc une émigration française et, mieux que cela, une émigration d'agriculteurs (Basques, Savoisiens, Auvergnats, etc.). Mais cette émigration a eu jusqu'ici un défaut : elle ne se rend pas dans les colonies françaises. Cela tient à deux causes. L'émigration, dans les départements où elle se manifeste régulièrement (non pas par crises, comme celle, par exemple, qui eut lieu dans le Midi lors du phylloxera), cette émigration a commencé bien avant le temps où la France possédait un empire colonial pouvant lui offrir un asile. Et, même depuis l'acquisition de la Tunisie, de la Nouvelle-Calédonie, de l'Indo-Chine, la direction initiale a été maintenue. C'est qu'en effet, quand arrive l'âge, on pourrait dire l'heure de l'émigration, les futurs émigrants sont sollicités par deux facteurs bien puissants : les parents ou les amis déjà établis au loin et les agences d'émigration.

Ce n'est pas, il faut en convenir, déjà très tentant de quitter la patrie, le village, la maison paternelle ; s'il faut, en outre, partir à l'aventure, dans l'ignorance des conditions du voyage, du pays où l'on va et de ce qui nous y attend, l'inquiétude peut aller jusqu'au découragement des plus fermes volontés. Aussi comprend-on bien l'attrait qu'exerce sur l'émigrant l'appel venant des amis déjà établis et comment, à cause d'eux, il peut être amené à émigrer en terre étrangère plutôt qu'en terre française. C'est ainsi que s'explique l'émigration régulière et importante des Basques en Argentine et à l'Uruguay, des Bas-Alpins au Mexique, etc.

Joignez-y que les pays neufs de l'Amérique du Sud, disposant d'immenses réserves de terres improductives, quoique propres à toutes les productions (céréales, élevage, etc.), et n'ayant encore qu'une population absolument insuffisante, ne négligent rien pour prendre à la vieille Europe le trop-plein de sa population et ont pour cela, dans les régions accoutumées à l'émigration, établi à demeure des agences qui sollicitent les émigrants et leur aplanissent les difficultés matérielles. Elles sont, d'ailleurs, et peuvent être moins difficiles dans leur choix que nos colonies. Leur climat permet à l'Européen le travail manuel ; dès lors, plus de capital indispensable, plus de ces exigences qui diminuent d'autant le nombre des émigrants. Dans ces conditions, comme un émigrant adulte, fût-il sans ressources, représente pour elles un capital évalué à 2000 francs, eussent-elles dépensé deux ou trois cents francs pour recruter l'émigrant et le transporter, elles auraient encore fait une spéculation excellente. Cela explique le nombre, l'obstination et le zèle de leurs agences d'émigration.

Si nous voulons réussir comme elles, il nous faut user des mêmes moyens. Les sociétés comme l'*Union coloniale française* ont bien déjà commencé, mais elles ont à lutter contre des habitudes demi-séculaires qui entraînent les émigrants vers l'Amérique, contre la propagande habile (et acharnée parce qu'elle est fructueuse) des agences ; il faudrait pour résister qu'on sentît derrière elles sinon le concours, à tout le moins la sympathie du gouvernement.

Ce ne serait pas encore assez ; il faudrait solliciter et décider l'émigrant par quelques faveurs. Au lieu de cela, des lois, même récentes, lui font, s'il émigre en terre française, une situation moins bonne que s'il émigrait en terre étrangère. En particulier, la loi de 1889 sur le recrutement traite mieux[1] le Français qui s'établit à l'étranger hors d'Europe que celui qui s'établit dans nos colonies. Il importe de renverser le système et, mieux encore, de faire, entre tous les Français, un traitement privilégié à ceux qui vont se fixer aux colonies. Ceux-là, quittant un pays où le climat et la société nous ont fait une vie si douce, s'en allant, pour de longues années, sous des climats énervants et parfois dangereux, dans une civilisation encore rudimentaire, édifier, avec leur propre fortune, la fortune même de la France, auraient droit — ce serait juste et politique — à un traitement de faveur : la loi devrait les exempter de tout service militaire.

1. La démonstration en a été faite par l'*Union coloniale française* dans une *pétition* au Sénat et à la Chambre des députés intitulée : *Le service militaire et les colonies.*

Et enfin, quand l'enseignement, quand l'appel des amis et les encouragements, voire les faveurs de l'État auraient préparé les jeunes hommes à émigrer aux colonies françaises, ce ne serait pas encore assez pour assurer le succès d'une combinaison si nécessaire : il faudrait encore qu'il s'y joignît le suffrage de l'opinion publique et que sur ce point les mœurs eussent été réformées.

Il n'y aura pas de colonies prospères tant que nos jeunes gens considéreront la vie aux colonies comme un pis aller ou une humiliation, tant que les familles, au lieu de les encourager à s'y établir, feront tout pour combattre leur résolution. Et par jeunes gens n'entendons point seulement les jeunes hommes, mais aussi, nous dirions même surtout les jeunes filles. Cela paraîtra peut-être paradoxal et les mères, qui ont déjà tant de peine à laisser s'éloigner leurs fils, s'indigneront qu'on veuille encore leur arracher leurs filles. Et pourtant, sans elles comme sans eux, pas de colonisation possible; pas de mariage, pas de vie familiale, pas de décence de vie, pas de plaisirs honnêtes, pas de société respectable; une existence improvisée et irrégulière, des mœurs réduites à l'hypocrisie ou à l'étalage audacieux du vice et, quoi qu'on en puisse penser, un retour lent à un état de civilisation inférieure qui d'avance écarte les meilleurs éléments de progrès.

Je veux bien que ce soit dur de laisser sinon se

rompre, du moins se détendre tant de liens chers et douloureux, et de voir s'éloigner (pour combien de temps!) des enfants qu'on a eu tant de peine à élever et qu'on voudrait enfin aimer à son aise et sans inquiétude. Mais ces enfants, précisément, il faut les aimer pour eux, non pour soi. Si une affection égoïste les retient dans la métropole et, d'avance, les réduit à une condition mesquine, nous en seront-ils reconnaissants? Cette jeune fille que vous, petit bourgeois, petit rentier, vous gardez jalousement près de vous, quel avenir pensez-vous lui offrir? La lutte pour les examens, puis la lutte pour les places, une âpre concurrence pour la vie, enfin plus de déceptions nées de plus d'ambitions, avec, si elle est raisonnable, la crainte du mariage ou du moins des enfants, qu'elle redoute de n'avoir pas de quoi élever et établir. Mais déliez-lui les ailes, élargissez son champ d'action, souffrez qu'elle tente une voie nouvelle, et voici que les connaissances acquises ici vont avoir au loin une valeur décuple; elle-même, en tant que femme, devient un objet rare et précieux que les maris se disputeront; elle exerce son choix au lieu de le subir; elle entre dans la vie avec des devoirs plus larges et des responsabilités plus lourdes, mais avec des visées plus hautes; elle est véritablement la compagne de son mari, l'associée de ses entreprises; les enfants, quel qu'en soit le nombre, futurs travailleurs, continuateurs de l'œuvre pater-

nelle, seront toujours les bienvenus, et l'épouse comme
la mère, fondatrice de la famille et de la colonie,
vous bénira de l'inspiration heureuse qui, en dépit des
préjugés, l'a faite libre et l'a rendue à ses véritables
destinées.

CHAPITRE V

LES ÉTAPES PARCOURUES — CONCLUSION

Voilà donc ce que nous avons à faire ; voilà comment nous pouvons remplir le programme.

Mais nous ne voudrions pas laisser croire, en posant le problème et en disant comment on peut le résoudre, que rien encore n'a été fait. Quelque chose a déjà été fait ; on ne saurait dire : beaucoup, mais quelque chose.

D'abord, au point de vue des affaires, il est bon qu'on sache que dans ces colonies dédaignées, il se fait, à l'heure actuelle, un chiffre d'affaires de près de 1 milliard, dont environ 500 millions avec la France.

Et ce chiffre, qui n'est point à mépriser, est l'œuvre de nos premiers colons ; au milieu de mille déboires, ils ont pétri, manipulé et assoupli cette pâte coloniale, si l'on peut s'exprimer ainsi, qui est en train aujourd'hui de lever sous l'influence des bons ferments.

A côté de ce qu'ont fait les colons, il y a aussi ce qu'a fait le Gouvernement. Le Gouvernement a institué — et c'est à M. Delcassé, ancien ministre des Colonies, qu'en revient l'honneur — le service de la colonisation et des renseignements coloniaux, qui a puissamment aidé de ses conseils et de son appui ceux qui se disposaient à émigrer dans nos colonies.

L'*Union coloniale*, elle aussi, a consacré, nous l'avons vu, au peuplement de nos colonies, des efforts longs et, osons-le dire, fructueux. Par les brochures distribuées, par les affiches posées, les conférences, les lettres missives, elle a pénétré dans un certain nombre de départements, elle s'est appuyée sur des collaborateurs nombreux (parmi lesquels elle est heureuse de compter des membres de notre enseignement, que lui a conciliés M. Charles Dupuy, ancien président du Conseil) et, par eux et avec eux, elle propage des idées qui s'en iront de proche en proche jusque dans les derniers hameaux. Jusqu'ici elle avait de préférence attaché ses efforts à peupler la Nouvelle-Calédonie, et, avec le concours du service de la colonisation, elle avait pu y envoyer un chiffre d'émigrants sans doute modique, mais qui déjà représente une grande somme d'efforts et est un acheminement vers un succès définitif : soit, en l'espace de quinze mois, une centaine de familles, chacune se composant de plusieurs membres, maîtres et domestiques, et disposant d'un capital qui n'était en aucun cas inférieur à 5 000 francs. Désormais, la voici qui applique les mêmes efforts et les mêmes procédés à la colonisation de la Tunisie et du Tonkin, et plus tard de tout notre empire colonial.

Enfin, à côté de ce qu'ont fait le Gouvernement et l'Union coloniale, nous devons rappeler qu'il a été fait encore bien davantage par l'administration locale des trois colonies dont nous avons parlé.

Ainsi, l'on a obtenu des résultats, et des résultats de la nature la plus satisfaisante : chose plus rassurante encore que le chiffre des affaires et le nombre des colons, un courant d'opinion raisonné, fort et grandissant, s'est formé enfin dans notre pays sur les affaires coloniales. Désormais, la cause coloniale est défendue, non pas seulement par des patriotes impatients de conquêtes et par des courages avides de hauts faits, mais par des esprits réfléchis et par des âmes patientes, qui se sont résignés à des travaux obscurs et ont accepté avec joie les humbles besognes.

Mais ce n'est pas assez pour nous, et les recrues, précieuses, ne sont pas assez nombreuses encore. Ces régions que nous avons choisies pour y fixer notre tente et y semer notre grain, si elles suffisent à notre activité d'aujourd'hui, ne doivent plus suffire à notre

ambition de demain. Chaque jour, sous l'effort du
colon devront reculer les limites de la terre occupée et
fécondée; chaque jour nous devrons attirer à notre
cause plus de partisans et dans nos colonies plus de
colons et plus de capitaux. Et pour cela que faire?

Deux choses : d'abord une propagande jamais
lassée : disons, ne nous fatiguons jamais de dire, non
seulement ce que l'on peut faire, mais ce qui a été
fait, et ne permettons pas que dans notre pays il
reste une seule classe où notre apostolat n'ait pénétré.

Puis quand nous aurons groupé, rassemblé, disci-
pliné notre pacifique armée coloniale, il faudra que
nous vivions tous dans un grand esprit d'union :
l'union nous est indispensable.

Il y a des groupements d'hommes où elle est
facile : les solitaires livrés à la méditation, et qui
vivent de la vie intérieure, les âmes paisibles qui
vivent dans le goût et l'amour de la science pure,
les âmes légères et libertines lancées dans la dissi-
pation, tous, pour des causes variables qui s'étagent
de l'indifférence à la sérénité, peuvent sans difficulté
vivre dans l'union, comme d'ailleurs, sans danger,
elles pourraient se passer de l'union. Mais, pour
nous, partisans de la cause coloniale, l'union est à la
fois plus difficile à atteindre et plus nécessaire à
maintenir.

Plus difficile, parce que nous sommes des gens en

dehors de la tradition, des gens d'humeur impé-
tueuse et d'activité intense, dont les esprits toujours
en mouvement remuent plus d'idées et choquent plus
de préjugés et risquent, après avoir heurté les autres,
de se heurter entre eux.

Plus nécessaire, parce que nous avons une tâche
plus vaste et plus lourde et qui exige plus d'entente
dans la conception et plus de discipline et de vigueur
dans l'exécution.

Serrons donc nos rangs; arrivons enfin à l'entente, à
l'organisation, à la discipline. Délimitons et posons les
problèmes, étudions et préparons les solutions; adop-
tons un plan, suivons-le avec ténacité et, si parfois
des orages surviennent, montrons alors à nos adver-
saires ce que peut faire un parti appuyé sur une indes-
tructible union.

TABLE DES MATIÈRES

33 017. — Imprimerie LAHURE, rue de Fleurus 9, à Paris.

9 782019 675599